후백제와 후고구려,
그리고 통일 신라의 마지막은 어떤 모습이었을까요?
역사의 발자취를 찾아보아요.

하나 된 나라 통일 신라

이현 글 | 박지윤 그림

전쟁의 시대는 끝났습니다.
마침내 하나의 나라가 되었어요.
백제와 고구려는 무너졌고,
당나라는 북쪽으로 물러났어요.
신라가 통일을 이루었습니다.

통일 신라의 첫 번째 왕인 문무왕은 세상을 떠나며 이런 유언을 남겼어요.

"나는 동해의 용이 되어 영원히 이 땅을 지키겠노라!"

신하들은 그 뜻에 따랐어요.
문무왕의 시신을 동쪽 바다 대왕암에 모셨지요.

그러던 어느 날 동쪽 바다 저편에서 작은 섬이 둥둥 떠내려왔어요.
거북 머리처럼 생긴 섬 꼭대기에 대나무 두 그루가 우뚝 서 있었어요.
그러다 밤이 되자 대나무는 하나로 합쳐졌어요.
문득 하늘과 땅이 뒤집어질 듯 비바람이 몰아치며
바다에서 용이 솟구쳐 올랐어요.

"이 섬의 대나무로 피리를 만드시오! 온 세상이 평화로워질 것이오!"

문무왕의 뒤를 이은 신문왕은 그 섬의 대나무로 피리를 만들게 했어요.
피리에는 '만파식적'이라는 이름을 붙였지요.
만 개의 파도를 가라앉히는 피리,
그러니까 '세상을 평화롭게 하는 피리'라는 뜻입니다.

평화로운 나날이 계속되었습니다.

서라벌은 더욱 멋진 도시가 되었어요.

왕성을 튼튼히 쌓고, 왕궁을 근사하게 꾸몄어요.

안압지라는 큰 연못을 만들고 주위에 화려한 전각을 세웠어요.

반듯하게 닦은 큰길을 따라 우아한 기와집이 즐비했어요.

부처에게 바치는 웅장한 절을 짓기도 했어요. 그중 석굴암과 불국사가 유명했어요.

석굴암은 동쪽 바다가 바라보이는 동굴 속에 만든 절이에요.
산을 파고 들어가 동굴을 만들고 그 안에 불상을 모신 거지요.
불국사에는 아름다운 탑이 마주 서 있어요.
화려한 다보탑과 소박한 석가탑.
통일 신라의 두 탑을 만든 건 옛 백제 사람 아사달이었습니다.

먼 나라 사람들도 신라를 찾아왔어요.
중국 너머 저편에 있는 아라비아 사람들은 신라에 대해 이렇게 적어 두었어요.

"중국의 동쪽에 신라라는 나라가 있는데,
공기가 맑고 물이 좋으며 사람들이 착하다.
금이 하도 흔해서 개의 목줄도 금으로 만든다."

아라비아 상인들은 몇 달에 걸쳐 사막을 건너고
산을 넘고 들판을 지나 신라에 왔어요.
진귀한 아라비아의 물건을 팔고, 신라의 물건을 사 갔지요.
페르시아의 왕과 가족들이 적군을 피해 신라로 도망 온 적도 있었어요.
그렇게 만난 페르시아 왕자와 신라 공주가 사랑에 빠져 결혼을 하기도 했어요.
훗날 그들의 아이는 페르시아로 돌아가 왕이 되었다고 해요.

신라 사람들이 먼 나라로 떠나기도 했어요.
신라 청년 장보고는 당나라로 건너가 군인이 되었어요.
장보고는 용맹한 군인으로 인정받아 점점 높은 자리로 올라갔어요.
하지만 당나라에서 힘들게 사는 신라 사람도 많았어요.

"죄 없는 사람들이 해적에게 잡혀 와 노예가 되었구나!"

장보고는 당나라의 높은 자리를 내버렸어요.
큰 뜻을 품고 신라로 돌아왔습니다.
남쪽 바다를 지키는 장군이 되어 해적을 몰아냈어요.
더 이상 해적에 잡혀가는 신라 사람은 없게 되었지요.
하지만 장보고 장군이 세상을 떠나자 다시 해적들이 바다를 차지하고 말았어요.

전쟁이 끝나도 사람들은 여전히 살기가 힘들었어요.
가난한 백성들은 아무리 열심히 일해도 가난했어요.
땅을 빌린 값을 치르고, 나라에 세금을 내면 남는 게 별로 없었어요.
왕과 귀족들은 힘들게 살아가는 백성들을 외면했어요.
자기들만 흥청망청 사치스럽게 놀기에 바빴어요.

"더 이상은 못 참겠어! 우리 것을 되찾아야겠어!"

백성들이 힘을 모아 왕의 병사들에게 맞섰어요.
금세 사람이 불어났어요.
나라를 세울 만큼 많은 사람이 모여들기도 했어요.

옛 백제 땅에서는 견훤을 중심으로 사람들이 모였어요.
견훤은 어려서부터 힘세고 용맹하기로 이름 높았어요.
아버지 어머니가 밭일을 하느라 어린 견훤을 풀밭에 뉘여 놓으면,
호랑이가 와서 젖을 먹이고 갔다는 소문이 돌 정도였어요.
견훤은 사람들을 이끌고 신라군을 물리쳤어요.
마침내 새 나라를 세웠습니다.

"옛 백제의 땅에 나라를 세우니, 그 이름을 '후백제'라 하노라.
썩어 빠진 신라를 무너뜨리고 백제의 영광을 되찾겠노라!"

옛 고구려 땅에서는 궁예에게 사람들이 모여들었어요.
궁예는 본래 신라의 왕자로 태어났어요.
그런데 나라의 미래를 살피는 신하가 왕에게 이렇게 말했어요.

"새 왕자는 빛처럼 번쩍거리는 이를 가지고 태어났습니다.
이상한 일입니다. 자라서 나라에 이롭지 않은 일을 저지를 것입니다."

왕은 그 말을 믿고 왕자를 해치려 했어요.
다행히 유모가 아기를 가엾게 여겨 함께 도망쳤어요.
그러다 사고로 한쪽 눈을 잃었지만, 다행히 목숨을 건졌습니다.
궁예는 용맹하고 지혜로운 청년으로 자라났어요.
사람들을 이끌고 신라군을 물리쳤어요.
마침내 새 나라를 세웠습니다.

"옛 고구려 땅에 새 나라를 세우노라. 후고구려의 이름으로 신라에 원수를 갚겠노라!"

신라는 다시 세 나라로 쪼개졌어요.
더 이상 통일 신라가 아니었어요.
그런데도 아무도 일을 바로잡지 않았어요.
왕족이나 귀족들은 왕이 되려고, 높은 벼슬과 많은 땅을 차지하려고
서로 싸우기만 했어요.
신라는 갈수록 힘을 잃어 갔어요.
당나라는 이미 망해 버렸어요.
이번에는 도움을 청할 곳도 없었습니다.

그런데 후고구려에 왕건이라는 장군이 나타났어요.
왕건은 바다가 가까운 서쪽 지역에서 이름난 집안의 아들이었어요.
왕건의 집안은 바다에서 많은 일을 했어요.
바다를 잘 알고, 잘 다루었어요.
이런 소문이 돌 정도였지요.

"들었는가? 왕건의 어머니는 본래 서해 용왕의 딸이라는구먼!"
"응. 그래서 그 집 자식들의 겨드랑이에 용의 비늘이 돋아 있다는 거야."
"그럼 왕건 장군은 용왕의 후손이란 말이 아닌가!"

과연 왕건은 바다를 두려워하지 않았어요.
병사들을 이끌고 바다를 따라 남쪽으로 나아갔어요.
불어오는 바람을 이용해 남쪽 바다를 차지한 후백제군을 공격했어요.
왕건은 큰 승리를 거두었습니다.

그런데 후고구려는 형편이 좋지 않았어요.
후고구려 왕 궁예는 더 이상 백성들의 마음을 살피지 않았어요.
신하들과 뜻을 모으지도 않았지요.
무엇이든 제멋대로 하려고 했어요.
조금만 마음에 안 들면 함부로 사람의 목숨을 빼앗았어요.
결국 신하들은 새 왕을 모시기로 했어요.
용맹하고도 인자한 왕, 지혜롭고도 겸손한 왕을 찾았어요.
왕건이 바로 그런 사람이었습니다.
신하들이 왕건에게 한목소리로 외쳤어요.

"부디 새 왕이 되어 주소서!"

소식을 들은 궁예는 허겁지겁 도망쳤어요.
하지만 얼마 지나지 않아 백성들의 손에 잡혀
목숨을 잃고 말았어요.
왕건은 새로운 나라의 왕이 되었습니다.

"우리는 고구려의 후예로 나라의 이름을 고려라 하겠노라!"

후백제의 견훤은 기회를 잡았다고 생각했어요.

"후고구려의 왕이 바뀌었다고?
그렇다면 바깥일에 신경 쓸 겨를이 없겠군.
이 틈에 신라를 공격해야겠어!"

신라의 경애왕과 귀족들은 술에 취해 노래하고 춤추는 데 푹 빠져 있었어요.
그런 형편이니 병사들이 나라를 제대로 지킬 리 없었어요.
후백제군은 거침없이 서라벌로 들이닥쳤습니다.
귀족들도, 왕도, 왕비도, 도망칠 겨를도 없이 목숨을 잃었어요.
견훤은 병사들에게 서라벌을 통째로 내줬어요.

"신라는 우리 것이다. 무엇이든 마음껏 가져라!"

후백제의 병사들은 서라벌을 약탈했어요.
물건을 함부로 빼앗고 사람들을 해쳤어요.
신라 사람들은 겁이 나서 벌벌 떨기만 했어요.
마음 깊이 견훤을 미워하게 되었어요.
견훤은 경순왕을 신라의 새 왕으로 세웠습니다.
이름만 왕일 뿐, 후백제의 허수아비였지요.

왕건은 뒤늦게 소식을 듣고 신라를 돕기 위해 달려갔어요.
그런데 견훤은 고려군의 움직임을 미리 알고 있었어요.
왕건과 고려군은 견훤의 병사들에게 포위당했어요.
제대로 싸워 보지도 못하고 병사들이 쓰러져 갔어요.
싸워 이길 방법도, 도망칠 방법도 없었어요.
왕건은 견훤의 손에 목숨을 잃게 될 형편이었습니다.

그때 신숭겸 장군이 나섰어요.

"폐하, 소신이 황제인 것처럼 적들을 속이겠나이다.
그 사이에 몸을 피하소서!"

신숭겸 장군은 황제의 옷을 입고 적들을 유인했어요.
그 틈에 왕건은 무사히 도망쳤어요.
하지만 신숭겸 장군은 후백제군의 손에 그만 목숨을 잃고 말았습니다.

그런데 이상한 일이 일어났어요.
왕건이 견훤과의 싸움에서 크게 패했는데도
왕건의 이름은 오히려 높아졌어요.

"들었는가? 왕건은 신라를 도우려다 변을 당할 뻔했다고 하더구먼."

"그래도 왕건은 무사하다니 다행이네. 왕건은 참으로 인자한 왕이라는 소문일세. 고려군도 절대 백성들을 괴롭히는 일이 없다고 하네."

"그렇다면 우리가 고려로 가는 게 어떻겠나? 왕건의 백성이 되도록 하세!"

스스로 고려의 백성이 되려는 사람들이 점점 늘어났습니다.

견훤은 점점 외로운 처지가 되었어요.
무려 열아홉 명이나 되는 아들들도 모두 왕위만 노리고 있었어요.
서로를 아끼는 형제가 아니라 경쟁자였지요.
그런데 견훤은 그중 넷째를 가장 아꼈어요.

"넷째 금강을 태자로 삼아 왕위를 물려줄 것이다!"

큰아들 신검은 몹시 화가 났어요.
둘째도, 셋째도 마찬가지였죠.
세 아들은 군사를 몰아 왕궁으로 쳐들어갔어요.
태자가 된 금강을 해치고, 아버지 견훤을 작은 절에 가둬 버렸어요.
견훤은 아들들의 손으로 왕의 자리에서 쫓겨나고 말았습니다.

"정말이냐? 견훤이 쫓겨났단 말이냐?"

신라의 경순왕은 그 소식을 크게 반겼습니다.
지난날 견훤이 서라벌에서 저지른 일에 대해 원한이 남아 있었지요.
앞으로 또 무슨 일을 당할까 겁이 나기도 했고요.
견훤이 없다고 마음을 놓을 수도 없었어요.
후백제의 다음 왕이 언제 신라를 통째로 집어삼키려 들지 몰랐어요.

그런데도 신라는 아무 일도 할 수 없었어요.
백성들의 마음은 신라를 떠난 지 오래였어요.
나라를 위해 싸울 사람은 아무도 없었어요.
왕도, 왕자들도, 신하들도 하염없이 눈물을 흘릴 뿐이었어요.
결국 경순왕이 마음을 정했어요.

"우리 신라를 고려에 바치도록 합시다."

박혁거세가 나라를 세운 지 992년, 신라는 나라의 문을 닫고 말았습니다.

견훤은 아들들을 피해 고려로 도망쳤습니다.
왕건은 견훤을 반갑게 맞아 주었어요.

"얼마나 고생이 크셨습니까?
고려를 내 나라로 여기고 편히 머무십시오.
아버지처럼 모시겠습니다."

견훤은 자신을 이렇게 만든 아들들을 용서할 수 없었어요.
왕건을 돕기로 마음먹었지요.

"소신이 앞장서겠나이다. 후백제를 공격하여 불효한 자식들을 벌하여 주소서!"

왕건의 고려군은 견훤을 앞세워 후백제로 쳐들어갔어요.
후백제 병사들은 견훤의 모습에 싸울 마음을 잃었어요.
스스로 창검을 내려놓고 고려군에 항복했어요.
견훤의 아들들은 더 이상 버티지 못했어요.
936년, 견훤이 세운 후백제는 문을 닫았어요.

신라와 후백제가 차례로 고려에 항복했어요.
고려가 한반도의 새 주인이 되었어요.
태조 왕건은 다시금 세 나라를 하나로 통일했어요.
외국의 군대를 끌어들이지도, 큰 전쟁을 치르지도 않았어요.
조금씩 조금씩 사람들의 마음을 얻고 힘을 길러 마침내 모두를 품게 되었어요.
고려가 새로운 우리나라가 되었습니다.

나의 첫 역사 여행

왕국의 흔적을 찾아서

궁예 도성

후고구려를 세운 궁예는 훗날 나라의 이름을 태봉국으로 바꾸고
강원도 철원에 왕성을 지었어요.
세월이 흐르며 건물은 사라졌지만 왕성의 흔적은 남아 있어요.
지금 궁예의 성은 비무장 지대에 있어서 마음대로 가 볼 수 없어요.
하지만 남과 북이 화해하는 날, 궁예 도성에서도 축하의 노래가 울릴 거예요.

철원군 관광 ▼ tour.cwg.go.kr
철원 평화전망대 ▼

비무장 지대에 있는 궁예 도성 자리

궁예 도성 자리에 있던 석등

동고산성

동고산성에서 발견된 후백제 기와

견훤은 후백제를 세우고 동고산성에 왕궁을 지었어요.
지금도 전라북도 전주에는 왕궁의 흔적이 남아 있어요.
성문터와 우물터 그리고 후백제 때의 기와가 발견되었어요.
국립 전주 박물관에 가면 발견된 유물을 볼 수도 있답니다.
앞으로 더 많은 흔적을 찾아서
동고산성과 왕궁을 다시 만들 거라고 해요.

- 국립 전주 박물관 ▼ jeonju.museum.go.kr
- 전주시 문화 관광 ▼ tour.jeonju.go.kr
- 전북의 재발견 ▼ blog.jb.go.kr

동고산성의 성벽

신숭겸 장군 유적

왕건은 공산 전투에서 하마터면 후백제군에게 목숨을 잃을 뻔했어요.
그런데 신숭겸 장군이 목숨을 바쳐 왕건을 구했지요.
공산 전투가 벌어졌던 대구에 가면 신숭겸 장군 유적지가 있어요.
왕건이 신숭겸 장군을 기리며 순절단을 세운 곳이에요.
순절단은 장군이 마지막으로 입었던 옷과
장군의 피가 스민 흙을 모아 작은 단을 쌓은 거랍니다.

- 대구광역시 동구 ▼ www.dong.daegu.kr

대구의 신숭겸 장군 유적

페르시아 왕자와 신라 공주의 사랑

신라가 삼국을 통일할 무렵, 저 먼 아라비아에서는 페르시아라는 나라가 멸망했어요.
마지막 왕자 아비틴과 신하들은 가까스로 당나라로 도망쳤어요.
하지만 당나라에서 힘든 시간을 보내야 했지요.
그때 누군가 이런 이야기를 해 주었어요.
"동쪽으로 바다를 건너면 천국처럼 아름답고 평화로운 바실라가 있다."
바실라는 신라를 부르는 다른 이름이었어요. 아비틴 왕자 일행은 신라로 건너갔어요.
신라 왕은 어려운 처지에 놓인 아비틴 왕자를 환영해 주었어요.
아비틴 왕자는 왕의 귀한 손님으로 지내며 친구가 됐어요.
그리고 아비틴 왕자와 신라의 공주는 사랑에 빠졌지요.

두 사람은 결혼해서 아이를 낳았어요.
아이의 이름은 파리둔.
훗날 파리둔은 아라비아로 돌아가 왕국을
되찾았답니다.
이것은 '쿠쉬나메'라는 서사시에 있는 이야기예요.
오늘날 이란에 전해지는 아주 오래된 서사시이지요.
오래된 책 속에 페르시아 왕자와 신라 공주의
사랑 이야기가 전해져 온 겁니다.

'쿠쉬나메'를 필사한 책 (사진 제공: 이희수 교수)

공연으로 만든 페르시아 왕자와 신라 공주의 사랑 이야기

글 이현

세상 모든 것의 이야기가 궁금한 동화작가입니다. 우리나라 곳곳에 깃든 이야기를 찾아 어린이들의 첫 번째 역사책을 쓰고 있습니다. 그동안 《짜장면 불어요》, 《로봇의 별》, 《악당의 무게》, 《푸른 사자 와니니》, 《플레이 볼》, 《일곱 개의 화살》, 《조막만 한 조막이》, 《내가 하고 싶은 일, 작가》 등을 썼습니다. 제13회 전태일 문학상, 제10회 창비좋은어린이책 공모 대상, 제2회 창원아동문학상 등을 받았습니다.

그림 박지윤

세상에 펼쳐진 각양각색의 이야기에 자기만의 색깔을 입혀 그림을 그릴 때 행복한 그림작가입니다. 대학에서 국문학을 공부했고, 한국일러스트레이션학교에서 그림을 공부했습니다. 쓰고 그린 책으로 《돌부처와 비단 장수》, 그린 책으로 《책 깎는 소년》, 《진주성을 나는 비차》, 《문익점과 정천익》, 《나도 조선의 백성이라고!》, 《옛날옛날에 탑 따라 돌고돌아》, 《한국 생활사 박물관》 시리즈 등이 있습니다.

나의 첫 역사책 8 — **하나 된 나라 통일 신라**

1판 1쇄 발행일 2019년 4월 5일 | 1판 9쇄 발행일 2023년 1월 9일
글 이현 | **그림** 박지윤 | **발행인** 김학원 | **기획** 이주은 박현혜 도아라 | **표지·본문 디자인** 유주현 한예슬
저자·독자 서비스 humanist@humanistbooks.com | **스캔** (주)로얄프로세스 | **용지** 화인페이퍼 | **인쇄** 삼조인쇄 | **제본** 영신사
발행처 휴먼어린이 | **출판등록** 제313-2006-000161호(2006년 7월 31일) | **주소** (03991) 서울시 마포구 동교로23길 76(연남동)
전화 02-335-4422 | **팩스** 02-334-3527 | **홈페이지** www.humanistbooks.com

글 ⓒ 이현, 2019 그림 ⓒ 박지윤, 2019
ISBN 978-89-6591-365-8 74910
ISBN 978-89-6591-332-0 74910(세트)

- 이 책은 저작권법에 따라 보호받는 저작물이므로 무단 전재와 무단 복제를 금합니다.
- 이 책의 전부 또는 일부를 이용하려면 반드시 저작권자와 휴먼어린이 출판사의 동의를 받아야 합니다.
- **사용연령 6세 이상** 종이에 베이거나 긁히지 않도록 조심하세요. 책 모서리가 날카로우니 던지거나 떨어뜨리지 마세요.